빈독골 가는 길

남선현 시집

시인의 말

쌓아둔 해묵은 알곡을 심고 자연과 싸워
키워 낸 낱알들 넘실대는 텃밭의 여유
허허롭게 빚진 맘 흩뿌리면
속삭이던 그리운 언어가 파문 일고
말간 개여울에 비친
잔주름 빗금처럼 부서지고 있다.

시대를 걸 넘어 온 회오리 소용돌이치며
온갖 물질과 썩은 퇴적물에 뒤섞인 사물들
흐느끼듯 구역질하며 토해낸 씁쓸한 입맛이
텁텁한 토속어로 살아나 아린 정신 순화시켜
저녁노을에 젖어 들고 있다.

이천이십이년 십일월
빈독골에서 남선현

차례

003 시인의 말

1부

011 봄 국
012 거리
013 저기 좀 봐
014 떠나는 봄에게
016 무논
018 바람꽃
019 연못
020 녹동항
022 갑장甲長
024 돋보기
026 땅따먹기
027 청정淸淨
028 경매번호
030 아비는
032 이름
035 매구야
038 한숨

2부

043 꽃송이
044 동티
045 꿀벌이 사라졌어
046 개복
048 부아
050 역습逆襲
051 벚꽃
052 육천보 걷기
054 팔영산 편백숲
055 폭우
056 입방아
058 밥거리
060 인연
061 낚시

3부

065 가시

066 숲속의 여인

068 변곡점

070 물꼬

072 여름 밤

073 노란 바다

074 어느 여름날

076 빨간 낮달 2

078 후예後裔

080 계절풍

081 가을 장마

082 파동波動

084 소풍

085 길제

4부

089 가족
090 기우제
092 매듭 달
094 간지干支
096 새해
098 빈독골 가는 길
099 투덜거림
100 여울목
102 임인년
104 마실
106 십일월의 거리
108 모퉁이
109 뻥튀기
110 닦이지 않는 눈물
112 깁다 남은 계절
114 햇살

해설

115 지역의 주인으로 살기 위한 시적 모색 **전상기**

1부

봄 국

아달아달 내민 쑥 한 움큼
민들레 냉이 옻 순 풋마늘
요놈 저놈 옴싹옴싹 뜯어
멸치 우린 국물에 된장 풀고
한소끔 끓여 봄 국을 끓였다

겸상에 둘러앉아 토닥이던 식구들
이리저리 올 수 없는 곳에서
서로의 봄 국에 눈물 간 맞춰
바람에 날리고 있는지
왠지 옆구리가 시려온다

목련이 북쪽 향해 안부 묻는 밤
혼자 차린 저녁상은
봄내 가득 피어 그리움 부르고
비어있는 허기 채울 수 없어
끓어오른 국물 한술 콧물 한술
입안에 넣고 오물오물 봄을 먹는다.

거리

—코로나19, 3년

낙엽이 바람결에 흐느껴 우는
무대는 너무 시리다
한 줌 기억마저 할퀸 상처에
꾹 누른 울음까지 말라버린 현실

뒤틀린 줄 위에서 세상 호령하는
어름사니 공중제비에 간담이 헐고
나풀거린 소맷자락 합죽선 흔들리면
눈에 맺힌 서러움 떨어져 손사래 친다

빚더미에 짓눌린 몸부림
헐떡이며 요리조리 돌려막듯
휘몰아 쳐봐도 홀로 섬이 된 가게들
몸은 허공 땅과 줄 바닥 칠 때
어둠을 휩쓴 거리는 간헐적 고파옴이
자진모리장단에 꺼억 꺽 괴성 지른다.

저기 좀 봐

비 갠 서녘엔 뒤집힌 땅 하늘로 올라
구름으로 수놓은 유월 산수화
하얗게 쌓인 눈 쓸고 남은 자국
휘이 그어져 있다

어느새 나타난 양 떼들 산허리 휘감고
심어놓은 무논 벌겋게 꼬시라진 나락
목말라 아우성치는데
다랭이 논에 갯물이 잘 잘
돈도 쌀도 양심도 태우고 있다

희물그런 논둑 사이로 뱅기가
살피를 남기고 사라진
거무스름하게 뒤집힌 갯논
땅거미가 서러운 듯
인간아 인간들아 외치며
멱살잡이 하는 불신 향해
핏빛 물감을 뿌리고 있다.

떠나는 봄에게

여름 풀내가 싱큼한 아침
감자밭 이랑마다 흰 꽃이다
꽃이 피어서가 아니라
네가 왔기에 향내 가득 머문다

놀장하게 물든 연둣빛 넋두리
가쁜 숨소리 내며 익어가면
꽃이 있어서가 아니라
네가 있어 향기롭고 가슴 뛴다

갯바위에 부딪히는 노을이
홀로 서러워 아파하는 건
꽃이 져서가 아니라
너를 보내야 하기 때문이다

네가 내게로 오는 건
절망에서 붙잡은 파란 하늘
마알간 구름처럼 눈시울 붉은

노을 번지면 어둠 뚫고 피어나는
질긴 청춘이 슬프도록 푸르다.

무논

철 이른 무논에 푸른 산 내려와
멱을 감는지 잔물결 일 때마다
덤벙대는 개구리 첨벙거리고
언뜻 물총새 먹이 물고 나타나
조용한 동네를 깨우고 있다

불덩이 같던 햇살 잦아든 저녁
공터가 왈왈대니 귀가 먹먹하고
웽웽거려 뭔 소린지 모를 울림
담벽에 부딪쳐 쏟아진
무논은 한바탕 소용돌이치며
확성기 소리에 투덜거린다

때가 됐는갑네 시끄럽게 헌 것이
늘 똑같드만 뭐허고 뭐해 주것다고
함시롱 잘해논게 무엇이당가?
비료값은 올린다 허고 물가는 올라
어째야할까 몰긋는디

이노무 시상 엇찌께 살아야
옳은것이당가잉? 연신 귀를 후비는
옆집 아침 구시렁거림이
이 땅의 목소리인 걸 왜 모르는지?

선거 차량이 떠들다 간 자리
별들이 하늘을 수놓고
어둠이 내린 무논은 달빛 내려
고요 속에 잠긴 동네를 품고
드렁드렁 코를 골며 잠이 든다.

바람꽃

먼 산에 바람꽃 흔들어
구름을 몰고 오면
하늘은 울고 있는데
땅을 만난 비는 웃고 있다

들썩이는 회오리 너털거린
사연에 한바탕 흙먼지 일면
웃는 건지 우는 건지 마른 눈물
찔끔거려 남겨진 자국이
몸에 스며 울컥 각혈하고
하늘에 뱉은 침 얼굴에 떨어진다

누구는 보이는 대로
시간을 좇고
누구는 시간을 부리는
마법사처럼 바람꽃 달래며
쓸쓸히 내려앉아
마파람에 여름을 흔들고 있다.

연못

날리고 떨어지며 모인 그곳은
마음이 뒤섞여 물속 어리연 뒤덮고
알 수 없는 집단이기로 덧칠하듯
화려하게 깨어나고 있다

마음아 낙엽아 삶과 죽음의 혼촉아
잔물결 흐느끼는 계절의 절망아
낮과 밤의 사연들 내려
물결 속 아린 그리움 흔들리며
깊어가는 가을을 줍고 있다

무엇이 옳고 그름인가 서로 다른
빛과 색 흔들리는 바람 소리
버림의 아픔 구석구석 넣고 쌓아
생활의 고달픔마저 품어주는 너
한숨까지 연원에 빠져 허우적거린
소리 흩어져 전신을 후비고 있다.

녹동항

어 이 집에 있는가 티비 본께 방어 많이 났든디
추름해 녹동 가서 회 한 접시 안할랑가
조오체 그라믄 어디로 가믄 된가
잉 쌍충사 아래 어판장에서 보세
대여섯 명 될 것 같은께

때마침 무료하게 다가오는 햇살에 시간
부셔놓고 씨석거리는 맘 어쩌지 못해
덧없는 세월 무채색 붓질로 휘저어
씁쓸 텁텁하고 어릿한 기분 곱씹고 있기에
이웃이 보낸 문자만 봐도 반갑고 들뜬다

볼품없는 작물과 쪼시래기 생선 그래도 이 땅의
모둠회 정식이 제일인 것을 추름하는 우린 안다
희석되지 못한 귀촌 덜 푸른 귀어 덜 익은 귀농
거센 비바람에 뽑히지 않으려 초심 붙들고
소리 없는 울음 미소로 삭이면 생활의 파편 튕겨
별이 되어 바다 깊은 곳에서 반짝이고 있음을

푸른 쪽빛 바다와 하늘이 닿은 굴양장 건너
작은 사슴이 풀을 뜯고 배설하지 못한 사연들
뱃전에서 방어로 환생 씹히듯 펄떡이고 있다
그래 녹도진에 장군만 있었던가 거기에는
피와 뚝심과 순박한 열정과 처절한 저항
여린 여인의 손길 힘 모아 지킨 항구의 철썩임
곱고 아름답게 스치며 풍성한 모둠회 접시에
정겨움이 담겨 폴짝 입속으로 뛰어든다.

갑장甲長

어뭐 어째야 쓰까잉 갑장 타령 한 것 본께
때가 왔능가 보내잉 그 뭐시냐
사년마다 하는 것 있잖여
돌아다닌시롱 악수하고 갑장 타령 한 것이
그랑께 언제부터 지하고 갑장이당가
띠갑장이다고 어메 언제부터 그래 부렀다냐
끝나고 나면 쌩한 바람 몰고 콧방구 낌시롱

연 빙 허네 음마 여그는 갑계 무시하믄
안돼 분당께 글씨 얼메나 센디
니가 참말로 그랬 싼냐잉
남생이 보다 두껀 철갑을 몇 겹 둘렀는디
몰랐당가 이 땅의 갑장 문화를

그랑께 이참에 뽑을 인물은
이것 저것 볼 것 없이 앗살하게
지지고 볶고 씨이리 같이

함께 살며 푸른 나무에 물도 거름도
맘도 함빡 줄 그런 양심을 찍잔께요 잉.

돋보기

삼월 구일 20대 대통령 선거날
어이야 거그 돋배기 있냐
새벽 댓바람부터 나갈 준비 하며
꼼지락거리는 세월의 뒷모습
뵈는건 이리저리 뜬구름 잡듯
말만 살아 낭낭허다
저 동각에 아비 좀 불러오니라
투표소 갔다 와야것다

웬일이당가
긴 줄은 굽은 허리 전동차 작대기
인자 마지막인갑서
와따 잘 뽑아야 쓸 건디
보랑께 늙은이들뿐인 투표장을
지켜보자니 천불 나고
모른척하니 목구멍이 건지럽다

알싸한 바람 주름진 얼굴과 쭈글거린

손등을 스치고 앞줄 아짐은
워메 어째야 쓰까 돋배기를 써도
어른거려 모르것는디 하며 한숨을 쉬고
열여섯 손녀는 할메 손을 잡고
으따 야므진 사람 긍께 그 뭐시다냐
우리 잘 살게 할 사람 찍어랑께 할무니

옆줄 화분에서 명자꽃 뽁좀하게 곤지 찍고 바라본다.

땅따먹기

문을 열면 마당에는 어성초 작약 사랑초
민들레 토끼풀 등등 이름 모른 녀석들과
하늘을 향해 키재기를 하고 있다
목마름에 앵두 훑어 깨물고
니땅내땅 가릴 것 없이 요놈 저놈
마구잡아 비틀면 비릿한 생선 지린내
별 요상한 냄새가 쾨쾨하다

보름간 비운 집 여기저기 풀들이 땅따먹기하는
사이사이에 개미 돈벌레 지네 지렁이
웬 놈들이 등쌀 하며 손등을 타면
놀란 가슴 쓸어내린 손끝은 얼얼하다
약초인지 잡초인지 순간의 갈등 땀방울에 맺혀 들면
어느새 바람이 얼굴에 스치고 있다

녀석들과 엎고 뒤집고 패대기치는 날 밤이면
언제나처럼 몸뚱이가 들쑤셔 뒤척이다 날밤 새고
다신 안 해 하며 끙끙 앓다가 그만하면 또 손댈 것이다.

청정清淨

어물전 똥파리 웽웽거려 내다버린 그곳엔
돈 냄새 맡고 몰려든 썩바리들
우글우글 배탈 난 것도 아닌데
이놈 저놈 똥구 빨다 뱉어낸 불순한 이물질
볼썽사납게 널브러져 옮고 있다
이곳엔 똥파리와 썩바리들의 욕심이 만든 지린내가
냄새보다 더한 구더기 같은 간악함과 목구멍까지 찬
욕심이 허물어진 괴기한 몰골로 우지끈 쉬를 갈기고
천사의 모습 하고 아가리 벌려 홀리고 있다
맑고 깨끗해 살기 좋은 곳이란 없어진 지 오래
필요에 따라 허방 둔병 삽질하며 고인 물에
물똥 갈기고 돌아서는 똥파리들
똥냄새 보다 더한 냄새로
먹다 남은 찌꺼기 여기저기 싸질러 대며
우기는 뻔뻔스런 이죽거림이
청정한 이 땅을 똥칠하고 있다.

경매번호

축정 어판장 제철 만난 삼치가
당당하게 자리 잡은 옆줄
18번과 16번 어찌 내 모습 같은지
움찔해져 자꾸 곁눈질하며 숫자를
되뇌며 오가는 소리에 심장이 뛴다

굵은 얼음 녹이는 열기와 달그락거림
저벅거리는 장화 소리에 경매 시작되고
알 수 없는 수신호 숫자놀이
비릿한 새벽공기 몰고 가는 아침 터전
이곳은 언제나 생동감 넘친 치열함과
18년간의 기억이 살아 팔딱이는 곳

더 넓은 곳을 향해 달려나가 많은 걸
배우고 자랐건만 하찮은 잡어가 된
16년이 내게 어떤 시간이었나 되묻고
떠나려는 순간 16번이 낙찰되고
중매인의 만족스런 미소와 어부의 씁쓰레함

확성기에 앵앵거릴 때

어판장의 활기는 생활과 맞닿고 있다.

아비는

살갗을 에는 아침 댓바람 엷은 속옷에 외투 걸쳐
입은 아비는 추위도 잊은 채 서성이다
현금자동인출기 버튼 잘못 눌러 만 원권 150장
쏟아낸 입속을 후비며 허둥지둥 들어내
휴지통에 올려놓는다

그래 오늘이 코로나19에 자식놈 빼앗긴 지 49일
그곳에서 재를 지낼 자식들 여비 주려 찾던 돈이
마치 아비 마음같이 휴지통 갸웃이며 쏟아져
통속으로 흩어진다

한참을 본가에서 기다리다 찾아 나선 자식들께
아비는 초라한 모습 보이고 말았다
화내는 큰아들 울음으로 얼싸안은 딸들
슬프지 않으려고 서로에게 화를 낸다

이게 뭐요 아버지 아이고 참 이것 가지고 갔다 와
우리가 이것도 없을까 봐 이 추위에 이러면 몸 상해요

그냥 맘이다 이것으로 잘 치러주고 와
자식의 아비는 그 아비에 아비는 서로 부둥켜안은 채
베어진 가슴 부대끼며 애써 웃음으로 달래고 있다.

이름

어머님께서 새로 이사 온 집에
다녀가겠다고 전화가 왔다
그럼 어므이 버스에서 내려
밖에 나오면 택시 타는 곳이
있는데 거기 가서 기사님보고
한국 아델리움 아파트 가자고
해요 알았죠 한국 아델리움
응 그러마

김장김치 담가 가지고
요번에 장만한 아들네 아파트를
찾아 삐까뻔쩍이는 버스터미널에
내려 택시를 타고 운전사 양반
거그 거 뭐이냐 오메 그 그랑께
한국 아들래 아파트로 갑시다

아니 그런 아파트가 어디 있어요
그랑께 그 한국 아들레이라고

으므 답답한거 참말로 그 거시기
지금 아들이 앞에서 기다리고 있긍께

한참을 택시 기사와 실갱이 하는
엄니의 기억 속에 오로지 생각 난 것은
한국 아들레이 뿐인데 어쩌란 말인가
줄 서서 얘기를 듣고 있던 뒤쪽
젊은 분이 알아듣고
혹시 한국 아델리움 아파트 아닌가요
이잉 그려 바로 거그여 어서 갑시다
기사 양반

진작 그렇게 얘기하시지 참 내
생각이 안난디 어쩌것소
겨우 택시를 탄 엄니는 안도의 숨 몰아쉬며
아따 참말로 옹삭헌거 머가 고롷게 어렵다냐
쉬운 말로 적으면 어디가 덧나서 그런겨
그렇다고 있어 보이지도 않구먼그려 참

근디 앞으로 어쩌께 아들네 찾아 온다냐
또 잊어 부렀는디 참말 외기 어렵당께잉.

매구야

비닐하우스, 농어축산물 가공공장 옆에
작은 콘테이너에서 낯선 사람들이 잠이 덜 깨
푸석하게 하품하며 수돗가에 나와 받아둔 물을
깨쳐가며 식기를 닦고 호호 손을 불며
물 적셔 머리와 얼굴을 쓱 쓱 훔치며 애써
웃는 모습에 밝은 아침 햇살이 비친다

정월 대보름 빈독골 공터에서 마당밟기가 한창이다
노인 상쇠와 젊은 이주노동자들이 매구로 하나 되어
벅구 춤을 추면 걸판지게 을러대는 출러소리가
언뜻 또드락 굿이 되지만 가락이 맞든 갈든 함께 만든
굿판은 서로의 마음을 얽어놓고 조상을 부르고 있다

팔십 년 오월 군부에 맞선 광주의 하늘을 울음과
분노에 젖게 만든 거리방송 떨림의 소리가
가슴에 파고드는데 전옥주님은 천상으르 떠나셨다
영혼을 달래려 젊은 춤꾼을 깨우던 백기완 선생
"맨 첫발 딱 한발 띠기에 목숨을 걸어라" 외치던 함성

뮛비나리의 임들은 이승에서 못 이룬 민족통일을
산 자에게 맡기고 걸궁에 스며 민중을 깨운다

막걸리 맛을 아는지 로힝야족인지 버마족인지 거나하게
취해 알 수 없는 한풀이를 벅구에 싣고 눈물반 콧물반 섞인
소리로 괴성을 지르니 간절한 소망이 길굿 가락에 파고들어
그 땅 걸립패가 공양하며 내는 목탁 소리보다 위대한
찢긴 울부짐으로 가슴을 후빌 때 라카인 아님 만달레이
양곤 네피도 어디쯤 젊은 피를 뿌리며 꽃은 피어나고
투쟁하러 나간 자식에게 혈액형과 신체 특이사항을
팔뚝에 꾹꾹 눌러 써 준 어미의 마음이나 이주노동자로
이 땅에서 치열하게 살며 자신과 가족과 민족을 위해
벅구를 두드리는 저 젊은 걸궁패의 손과 발의 외침이
빈독골을 울리며 하늘로 솟아 세상으로 나아가고 있다

젊음이 이주노동자로 채워진 마을 행사가 비나리가 되고
살풀이가 되어 구석진 판넬집 차가운 바닥에도 곰팡이 핀
냉골에서 체온으로 견뎌야 하는 숙소에도 살을 에는 칼바람

몰아치는 바다 뱃머리에 선 노동현장에도 하늘 아래 인간 악귀는
득실거리고 G7 국가 언놈이 평화 자유 민주주의를 말하는가?
탐욕과 야욕의 이빨로 으르렁거리며 피를 빠는 흡혈귀인것을
굿판은 휘모리장단에 맞춰 피날래르 접어들고 상쇠가 매구야를
외치니 징 든 낯선 젊은이가 세차게 징~징 악귀를 쫓고 있다.

한숨

사람에 치여 좋아했던 일도 관두고
부부는 곡식을 주인공 삼아
땅의 진실을 믿고 얼갈이하며
남도 끝자락에 둥지 틀어 삭풍을 막고
공연의 막을 올려 새로운 삶을 시작했다

태어나 처음 가져본 땅 처음 짓는 집
소꿉장난하듯 무대가 된 둘만의 공간
하루에도 몇 번씩 모래성을 쌓았는데
물가에 허물어지는 허망한 꿈을 꾸고 있다

신뢰와 믿음을 저버린 내 안의 양심은
또 하나의 불신을 낳고
빠삭하고 처절하게 짓밟히고 있다
그래 한숨도 사치다 모든 게 자고 나면 오르고
돈의 위력 앞에 자꾸 주눅 든
무대 위 주인공들의 초라함이
못 견디게 아리고 입맛을 버석거리게 한다

건설 농공자재, 인건비, 보이는 건
모두 다 오르고 있는데 내 손에 쥔 건
모래알처럼 빠져나간 정착자금
대출이자도 갚기 힘든 농사일의 부조화
곡식마저 가뭄으로 땅속에서 꿈쩍 않고
뿌연 먼지만 바람에 날리는 무대의 쓸쓸함
막노동판을 기웃거려야 하는 초라함에
하늘이 노랗게 흔들리고 있더라

2부

꽃송이

강가 혼자 된 아비새 떠날 준비하는지
새 깃 털며 날고자 몸부림쳐 부르지만
힘겨워 널브러지고 그곳엔 봄내가 하늘하늘
우주에 뿌린 소금인 듯 별꽃이 빛나고 있다

하늘색 얼굴 빗댄 봄까치꽃 개여울 흔들며
훌쩍이던 아비의 쓸쓸함 부리에 찢긴 울부짐
얼음 속에 묻고 기지개 켜며 외로움 털면
묵혀둔 짓누름 송알송알 꽃을 피운다

봄을 주고
떠나는 아비새
잊힐 수 없는 날들
대물림하는 어울림 앞에서
들에 핀 꽃 붙들고 쏟아놓은 사연들
바람에 꺾여 옹알옹알 흐느끼고 있다

파리한 울먹임 야윈 눈물 강에 떨구며.

동티

따스한 햇살이 그리운 날
개울 따라 흐르다 쉬는 자리
투명한 물 한 방울과 짙푸른 떨림
내 속이 강이 되는 모양이다

낙엽이 썩어 흙이 되고 흙이 썩어
생명수가 되어
두렵고 서러운 한탄마저 품어 안고
개여울은 검은빛 초록빛 맞닿고
오글오글 주꾸미 단풍 잎새로
송사리 떼 몸짓에
보드라운 봄 소리가 산뜻하다

아직 시린 바람은 등 돌려 외면한 채
물거울에 낙엽 띄워 개울을 흔들고
동티난 이 땅은 냉기마저 쏟아붓고 있다.

꿀벌이 사라졌어

텅 빈 벌통만 휑그렁 넋 나간
눈빛으로 바라보는 양봉업자 한숨 소리
꽃들의 앓는 소리 노랗고 하얗게 내린
꽃 섶을 헤집는 소리가 뒤섞여 온통
눈물바다가 되어 있다

벌이 없는 세상 생태 엇박자
죽음으로 몰아넣는 기후변화
누가 만든 지옥인가
경이로운 생명의 진화마저
갈라친 탐욕은 어디까지일까

꽃을 찾던 일벌들이 사라져버린
끔찍한 현상
여기저기 꽃은 피어 손짓하지만
일손마저 빼앗겨버린 거리의 천사들
뒤영벌 호박벌 값만 치솟고
홀로 핀 꽃 마른 눈물 누가 닦아주나.

개복

마늘밭 쫑냄새 돈냄새에 취해 비틀거린
사람들 마음이 썰렁한 빈독골의 밤을
더없이 고요에 젖게 한다
뱅뱅 도는 맘 따라 당산마루에 앉아 하늘 보니
달덩이 같은 뽕순이가 나뭇가지에 걸려
연분홍 치맛자락 팔랑이며 설레게 하는데
삔질이가 매만지며 애원하듯 을러도 소용없다

온종일 개복이 놈은 굴착기 둘러업고
앞산에 올라 미친 듯 살내 고운 새악시
옷을 찢어 벗겨 놓고 알몸을 개복해
피 묻은 손으로 마귀처럼 요리조리 탐닉하다
심드렁해지면 난도질하여 던져버린 썩은
육신 엉성하게 맞춰놓고 히죽거리고 있다

개복아 좋냐?

의사도 아닌 것이 자르고 꿰매고 있는데

무면허 돌팔이 개복이 하는 짓을
아는지 모르는지 당산 할메는 무식하다

언덕배기 화전놀이 하던 곳은 수종변경한다고
움푹움푹 곰보 만들고 개복이 얄밉다고
비란 놈은 호박돌을 굴려버려
온 삭신을 들쑤셔 놓아도 암시랑 안해
불법 아닌께 다 그런 거 아니 것 써
요것만 있으면 말여 하며 너스레 떠는 개복은
오늘도 두들겨 패고 패대기치며 제 맘더로
주물럭거려놓고 출력 높여 이산 저산 신령 깨워
봄날은 간다 한 곡조 뽑으며 장비 다리 걷어차며
돈 내 찌들고 토주 내에 취해 비틀비틀
썩어 문드러진 욕심보까지 구역질 내 날리며
개복하고 있다.

부아

살랑이는 바람에 이끌려 갯가로 나가
봄이 전하는 굼실거린 얘기 귀에 담고
앞을 보니 믹을 뜯어 한가득
뗏마에 싣고 흔들흔들 파도를 타고
들어오는 아재를 만났다

어쩐 일인지 어두운 얼굴로 살풀이하듯
부해나 죽겄네 일손도 없어 외국 일꾼 쓰며
죽어라 뜯어 줬드만 몸에 해로운 염화
뭐라고 하든디 그걸 뿌려 때깔 냈다고 뉴스서
난리더만 우째거나 그 뭣인가 먹는 것 같고
그 짓하면 천벌 받제 또 거그다 중국 믹하고
합해 우리 것으로 만든 염병 헐 언넘들 땜시
속에서 천불이 나네 우리가 뭔 죈 지 참말로

물 좋은 곳에서 쎄빠지게 믹 농사지어 내면
다른 군에서 난 믹 보다 싸게 사다 놓고
여그 것이다 떠억허니 패 딱지 붙이면

우린 어쩌라고 어디 이뿐인가
우리 일꾼 나라는 팔십 년 오월 광주처럼
군바리들이 옳은 소리 하는 사람 잡아 가두고
총질허고 어찌 이런지 몰것어 작년부터 괴질에
시상이 꽁꽁 언 한겨울이고
이번엔 믹이 잘 질어 돈 좀 되것다 싶었는디
급살 맞을 놈들 용왕님이 벼락 칠 것이여

아재의 거짓 없는 혼잣말이 파도를 가르고
미역줄기는 가닥가닥 붙어 춤을 춘다
그렇게 한참을 풀어내던 아재는 속이 후련한지
평온한 미소로 그래도 우리는 낫지 뭐
저 젊은이 좀 봐 낯선 나라 와서 돈벌이하며
밤마다 부아를 참지 못해 갯가에 나가
뭔 소린지 울다 웃다 어둠을 깨워 난도질 쳐
열불을 끄는 포효만 허그능가.

역습逆襲

시간의 굴레에 갇혀
종일 기다림의 미학을
배우는 황사가 쏟아진다

흐르다 돌계단 틈새
먼지가 씨앗을 품고
내려앉아 싹을 틔우고 있다

누런 하늘에 푸른 해가
숨을 헐떡이고
빗방울에 맺힌 알갱이는
붉은 피로 얼룩져 인간을
향해 덤벼들고 있다.

벚꽃

—꽃눈 내리는 날

벚꽃이 하얗게 수를 놓아 소복소복 쌓인
꽃길 따라 대원사 찾다 보면
어린 영혼 무덤들이 군데군데 눈물샘 파놓고
바람결에 흐느끼듯 울렁울렁 꿈틀대고 있다

보성군 문덕면 죽산길 돌담에 기대앉은
빨간 모자 동자승들
부모와 맺은 인연 놓지 못하고 직면한 죽음은
떨어지는 꽃잎에 스며 핏빛 하늘길 따라
올라가는 가여운 태아령들이었다

인구절벽 시대 하나의 생명이 뱃속을 우형하다
그렇게 사라지며 억 겹의 인연
한 철 피고 지는 벚꽃에 젖어 몸부림치듯
뾸구족좀한 꽃눈에 스며 살랑이는 바람 후드리고
떨어지는 영혼은 쌓이다 흐느끼다 울다 사라질 즈음
지장보살의 천도가 시작되고 있다.

육천보 걷기

별 고운 낯의 미소가 봄까치 꽃
재잘거리게 하는 사잇길 따라 걷다
발아래 별들이 길잡이 돼 이끄는 곳엔
꽃들이 마음 담아 살포시 벙글고 있다

와 저기 흰 고깔 머리 잔뜩 피우고
함박웃음 짓는 꽃잎이 나비가 되어
봇재 아래 한 몸으로 창 넘어 목련꽃에
탄성 지르던 그 날처럼 얼굴이 뾰좀하다

삼나무 그늘 아래 새겨놓은 발자국들이
그루터기가 되어 단단하게 다져지는
네 발아래 세상은 역류하는 피와 상념이
사름사름 철 따라 삭아 맘을 즐겁게 한다

일길 접어들면 동백이 빨갛게 화장하고
유혹하지만 묵묵히 지켜보는 내님
가만히 안고 다독이면 오염된 갈등

심호흡으로 토해져 육천보에 밟히고
첫걸음처럼 말간 향내가 전신에 퍼진다.

팔영산 편백숲

곱게 빗은 양 갈래 머릿결로
편백 흔들면 들숨 날숨 벌렁거린 소녀가
기억을 토하듯 헛기침하며 앞을 보니
오십 넘어 열다섯 같은 맘으로 세상을 품고 있다

화사한 미소에 감춘 피지 못한 사연
한 아름 뿌려놓고 속닥이는 잎새 소리 들려오면
발부리에 엉겨 집을 찾던 개미 한 마리 신발 위를 넘고
여인은 가슴 시린 숲길 걸으며 마법에 걸린 상처를
헉헉 휘휘 바람에 날리고 있다

죽음의 문턱 오가며 지켜온 생활의 회한들이 굳어
뭉텅그린 응어리에 박히고 피톤치드 한 모금에 튕겨 나온
잡념들을 몸 밖으로 쏟아내면 다시 태어난 소녀의 황혼은
화사한 숲길 요정이 되어 있다.

폭우

장대비가 온다 뽀얗게 뒤덮은 미세먼지 속
간악한 심보를 씻어 내리듯
심장을 뚫고 시원스럽게 답답함을 풀어
비와 비 사이를 가늠하는 농부의 맘처럼
흥건히 고여 이랑을 타고 있다

둔벙도 파둔 관정의 물도 보타져
목마름에 늦춰야 했던 성장도
장대비에 입을 벌려 목을 축이듯
농작물 떠드는 밤거리가 소란스럽다.

동네 개들을 다 풀어놓아 짓는 소리처럼
점점 거세진 장대비 두드림
고요한 빈독골에 펴져 우산 위를 때리는
장단이 이렇게 시원하게 느껴질까?
혼자 외로움에 떨고 있는
옆집 아재 헛기침 소리까지 가락이 되어
가뭄에 묵은 체증까지 씻어 내리고 있다.

입방아

봄꽃들이 소곤소곤 재잘대는
봄날 기별이 왔다 저 아래 갯가 집
혼자 돼 아직도 자식들
밑 닦아주고 살던 아짐이 저세상 갔는데
글쎄 코로나 때문에 마지막 가는 길도
못 보고 보냈다고 막내딸이 묘에서
서럽게 울다 실신해 병원에 실려 갔단다

봄바람 산들거린 텃밭에 거름 뿌리다
뇌출혈로 병원에 실려 간 아제는
목숨은 건졌지만 식물인간이 돼
연명치료 갈등 속에 일 년 넘게 사투하다
올 수 없는 곳으로 가버렸단다

자식들 독거노인 꽃잎 가족 나라 세상
평행이론으로 합리화 하기에는 계절이
너무 무섭고 아프고 슬프다

쑥덕쑥덕 파고드는 꽃잎 떨어지는 소리에
대책 없이 입방아 찧는 입들이 밉다.

밥거리

월요일 밤 과역시장 주변 여기저기 찾아다녀도
굳게 닫힌 문과 어둠은 허기진 불빛을 외면하고
배에서는 자꾸 꼬르륵거린다
늦은 밤까지 왁자지껄 걸판진 시장 골목길은
찬바람 쌩쌩 수선화 환하게 웃는 듯
인간을 대신하고 있지만 마음의 허기처럼
썰렁한 기운 쓸쓸하게 시간 속으로 묻히고 있다

어렵게 찾은 김밥집에서 한 줄 김밥과 국물 사서
받아들고 밖을 나오다 문틈에 손가락이 끼어
찢긴 집게손가락 움켜잡고 젠장 뭔 놈의 문을
이렇게 만들어 손가락을 잡아 피를 흘리게 하는지
동여맨 밴드에 화를 풀고 있다

그렇게 채워진 뱃속과 채울 수 없는 거리의 웅성거림
홀로 떨어지는 꽃잎에 물들어 풀풀 바람에 날린
과역의 상권은 자신을 찾아 헤매는 내 안의 허기라면 좋겠다

밥거리 쇠뜨기만 포장길 뚫고 나와 강아지처럼 웅크리고 앉아 있다.

인연

안개가 흩뿌린 아침 평전 선생이 생각났다
흐릿한 띠가 길 위에 깔린 학림 생가에 들어서니
썰렁한 민소매 버선발로 마루에 걸터앉아
텅 빈 알몸 감추려는 듯 연신 담배 연기 날리고 있다

마음에 가두고 혼자 꺼내 쓰던 대숲 오동나무 담벼락은
어디에도 없고 문지방 위 "初志一貫" 현판이 겉치레하고
이름표처럼 평전의 숨소리 담아 안개를 좇고 있다

쫓겨나듯 꼬불꼬불 유택으로 가는 길
스삭이는 남도의 말가락도 출렁이는 술통도
여인의 치맛자락도 당신의 누이 곁을 떠날 수 없는지
찬바람에 흔들리며 휑한 가슴 후빈다

앞산 골짜기 안개 피워 물면
가지 흔들며 나타난 뻐꾸기 평전을 부르고 있다.

낚시

—평전 생가에서

봄꽃 흐드러진 뜸새에서
평전의 오동꽃을 보았소
생전에 슬픈 낯빛으로
찔레꽃 필 무렵 흰꽃 입에 물고
하늘나라 간 아우 생각하며
크렁한 담배 연기 뿜어
서까래 휘어 돌던 오동꽃을

여전히 꽃으로 봄은 물들고
오동나무 끌탱이
포름한 빛 눈부신 연보라 때깔
아리게 울다 지친 굉이 한 마리
담장머리 숲 섶이 다 따라 흐느끼며
뒤덮은 향내 쑤석쑤석 댓가지 흔들 때
당신은 터전에 앉아 간짓대 촐거 들고
시어 던져 후학을 낚는데

이 땅의 서정은 너울성 그리움만 일렁인다.

3부

가시

겨울이 오면 유자 향이 너울거리는
고즈넉한 고흥의 들녘
가시와 출렁이는 핏자국이
가슴에 멍으로 얼룩져 비로소 수확의
기쁨 진한 향내 뿜고 노랗게 익는다

타향살이에 이골난 작은 형은 목부였다
그 영혼이 가시덤불에 엉켜
쇠뿔 같은 낮달이 뻘겋게 타고 있다
흰 소는 몸부림치며 세월 속에 팔려가고
손톱 끝 가시가 살 속 헤집고 파고들어
견딜 수 없는 날들이 이어지고 있다

검은 호랑이가 어슬렁거리며 다가온다
가시는 또 한 세상 나직이 채찍질하듯
찌르고 할퀴며 새롭게 꽃 피우고
그만큼의 상처 그만큼의 기쁨을 감는다.

숲속의 여인
—으름

국밥집 울타리 으름 서리해 건네준 온기
가슴에 품고 가져와 채워둔 그곳에
햇살 고운 가을은 붉고 파란
무한궤도 따라 그림을 그립니다

두 팔 벌려 품에 안긴 모습처럼
흰 속살 듬성듬성 기억들이
입속에서 혀를 꼬며 달콤하게
녹아 가을은 온통 기쁨입니다

씨앗은 찰진 침샘에 엉켜
외로움에 지친 영혼을 깨우고
늘어진 줄기처럼 한 잎 또 한 잎
쌓이는 낙엽에 새긴 보고 싶음입니다

산 그림자 길게 늘어진 해 질 녘
빛 그림자 붉게 태운 쓸쓸함만

가슴 조여 놓고 차가운 바람
곁으로 떠나고 있습니다.

변곡점

불꽃 같은 고운 모습 그리다
창밖을 보니 하현 빛나는 자리엔
잔별들이 아름다운 곡선을 긋고
스치듯 흘러 고흥만에 너울진 곡점
울퉁불퉁 눈망울에 새기며
한밤 또 한밤을 보내고 있습니다

지나간 바람 흘러간 시냇물
물 잎새 사이에 숨어 우는 진저리
불쑥 튀어 가을비로 바라보면
잡히지 않은 가깝고도 먼 곳입니다

맘은 뜨건 우주의 별들 곁을 맴돌고
누워 이리 뒤축 저리 뒤척 못난 배려
욕심 없이 웅숭그리다 덩그렁 거리고
바보처럼 흐느낌이 쌓입니다

휘둘린 속앓이 흰 파도 어울진 구름 울리고

타다 남은 잿빛 상념 속에서 향기 나는
그대 이름 찾아 시린 가슴에 품어 봅니다.

물꼬

한줄기 소나기 그친 땡볕 농로에서
꼬인 새끼줄 풀듯 물길 잡다 말고
성님이 불러 세우며
어이 자네는 알고 있는가?
저놈의 길은 누가 쥔인겨 잉
무서워 댕길 수가 있어야제
엊그제 장마통에 쩌쪽 동상네
집사람이 교통사고로 저세상 가부렀당께

진작부터 인도 만들어야 헌다고 야기 혀도
들어준 넘 하나 없당께
차만 씽씽 댕기면 뭐헌당가 잊을만 하면
사람이 죽어나가는 디
지방돈지 군돈지 몰러도 동네 사람 다닐 길은
만들어 나야제 맘 놓코 다니제 염병 헐 시상

선거 때 되면 헛공약 허지 말등가
언놈은 고향입네 허며 표만 주면

잘허것다고 혀놓고 뭘 잘혀
철새처럼 왔다가 고향 팔아 당선되면
이놈저넘 주워먹고 뱃대지 굵다가
내가 언제 그랬냔 듯
욕심껏 챙겨 도회지로 떠난시롱
어째쓰면 좋을까잉 저너므 길을

민심을 푹 떠 위정자 입 속에 쳐 넣듯
무논 곤죽 한 삽 떠 젓히며 물꼬를 튼다
안 그런가 동상
겉만 뻔지르 허다고 잘산 것 아닌디
공존하며 같이 살아야제
요번엔 언놈이 이빨에 침 바를랑가 몰겄네.

여름 밤

밤새 치고받는 소리
뭘 얼마나 더 뺏겠다고
닥치는 대로 핥고 짓밟은
이노므 장맛비

번쩍 쾅 쾅 속 태우는
문풍지 울음소리 그치면
산 넘어 곡식
산 아래 한숨
꼬박 새운 심약한 맘

멋대로 짓밟은
저노므 시끼
포악성 그래도
인간 폭우에 비길까?

노란 바다
—은행나무

바람결에 흔들린 쓰린 마음
흐르는 눈물로 잎을 떨구고
아픈 듯 구르다
가슴에 부딪친 소리가
바스락 흔적도 없이
기억 저편에 묻히고 있다

흩어져 목멘 그리움 하나가
따스한 슬픔에 진저리치듯
견딜 수 없는 현기증에 휘청
괜찮아하며 담담하게 돌아서
걷는 섧도록 시린 뒷모습

지나던 은행잎에 스며들면
하늘도 마음도 정신도 온통
노란 파도 출렁이며 흔들리는
바닷가 물결 위를 걷고 있다.

어느 여름날

오란 비는 안 오고 땡볕 이글거리는 요참에
요놈 저놈 다들 잘들 지내고 있것제
아침에 까치가 울어서 용쓰고 기다려도
어찌 소식이 없다냐

손만 까닥하면 될텐디 긍께 궁금혀서 죽것네
혼자 궁시렁거리며 연신 까치를 쫓다가
긍께 받을 줄만 알았제 못한당께
글씨가 안보인 것도 있고 또 글씨 그려 하며
옆집 할메가 와서 자석네께 전화 좀
해달라며 번호와 핸폰을 내민다

한여름 무성하게 자란 풀들이
산허리에 숨은 바람 막아
구름 길 따라 하늘로 날려 버리고
그늘마저 훔쳐 간 한낮의 그리움이
어찌 할메 맘뿐이랴 이 땅에 살아가는
쓸쓸함이 여름날 얼어붙어 자식을 부르고

외로움과 싸우며 오지게 잦아들고 있다

낮에 뜯은 풀을 모아 모깃불 피워놓고
먼지 푸석한 평상 훔치며
흐르는 연기 쫓아 하늘을 보면
집 떠난 애들 얼굴이 새겨져
또렷하게 반짝이는데
얼마나 헤아려야 만날 수 있는지
오늘도 풀 내 가득한 연기 속을 헤매고 있다.

빨간 낮달 2

—환삼덩굴

봄부터 할퀴더니 여름 가을인데
온몸 휘감고 손톱 세워 동백 무 배추
비파 민들레 원추리 쇠무릎 상추 뽕
뭔 너무 살이가 남 괴롭히며
살아야 하는 운명을 타고났기에
오늘도 나와 한바탕 푸닥거리 한다

호미 낫 손에 들고 풀멍들며 싸우다
팔을 보면 할퀸 자국 부어올라 쓰리다
못된 자식 왜 엄마 손이라 하는지
떨어진 낙엽 쓸어모아 위에 놓고
불멍 때리다 화염 속 나를 본다

손톱 물들인 빨간 봉숭아 자국
그리움도 보고픔도 꾹꾹 눌러놓고
첫눈 기다린 애타는 마음 반짝거리며
타들어 가는 낙엽 헤치고 하늘로 사라진

붉고 푸른 손과 손을 맞잡고
씨름하듯 빗장걸이를 하고 있다.

후예後裔

내 아비는 고기 잡는 어부
어미는 그 어부의 아내
그 아비 어미는 농부였고
그 자식의 자식은 수군이더라

굵은 햇살과 바람이 나들며 만든
근육질 팔뚝 너울대며 뗏마를 끌고
산 그림자에 숨어든 잡놈들
멱살 잡아 단숨에 낚아챈 장사였더라

곡물 몇 됫박에 수군이 되어
처자식 허기진 배 채우고
움켜잡은 노 춤추듯
지형지물 비껴 물살 가르면
허겁지겁 도망가는 왜놈들
모가지가 수장되더라

뭣이더냐 이 땅의 주인은 누구인데

역사는 늘 가진 자의 기록으로 남아
파란 하늘이 울먹이다 못해 붉게 물든
갯가의 노을은 알고 있더라

그때의 요충지가 천혜의 신비를 안고
아름답게 숨 쉰 묵객의 언어에 매혹되고
핏줄은 면면히 흘러 땅과 바다에 뿌리박고
푸른 숲 버팀목이 되어 있더라.

계절풍

며칠 집을 비웠다 돌아와 보일러 온도를 보니
영하 칠 도다 올해 들어 제일 추운 날
연속에 놓고 밤새 보일러를 틀어놓아도 시리다
이를 물고 움츠려도 추위가 가시질 않는다

삭풍에 떠는 문풍지 소리보다 요란한 생각들
이완되지 않은 머리를 꽁꽁 얼린 밤 보내고
아침 햇살 가득 머금은 입김 뿜어내며
따끈한 차 끓여 몸 녹일까 하고 물 받으러
수도꼭지를 틀어도 꼼짝 않는다

쓰리고 아프다 살을 에듯 간밤이
차갑게 남아 정신의 환란 속으로 몰아가는
냉혹한 갈망을 째잘째잘 잘게 부숴
온기로 채워야 하는데
시간은 된서리로 길을 막고
몬순은 쩍쩍 소리 내며 마음을 녹이고 있다.

가을 장마

배롱꽃 마지막 피는 걸 보니
곡식 영글 때가 되었는데
우중충하게 찌푸린 하늘은
비구름 머금고 찔끔 짼끔
눈물샘을 후비고 있다

덜그렁 설그렁 함께 부대끼며
영글어 가야 할 일상의 향기도
비대면 답답함 침묵 궁핍 가상
우울하고 슬픈 언어로 도배하는
현실은 거리의 스산함 만큼
으슬으슬 정신을 아프게 한다

쉶도록 희뭁은 것은 망상에 믈들고
고개 숙인 소시민의 가계부는
희망 고문에 시달린 빚더미 가득
어쭙잖게 떠가던 먹구름 한 조각
산허리에 걸려 비를 뿌리고 있다.

파동波動

서걱서걱 얼음 부서지는 소리
헐떡이는 파도에 넋 놓고 흔들리는
감태 매생이 해우 바위틈 널브러진 굴
날꼬지 갯가 갈매기 울어 한숨 섞고
이맘저맘 헤집어 뻘 내 풀면
한겨울 얼얼하게 훑치고 간 계절이
햇살 한입 쪼아 물고 봄을 나르고 있다

몽실몽실 꽃바람이 분다
다정한 연인이 노천 의자에 앉아
한 잔의 커피를 나눈 흩뿌린 가슴엔
고향의 따스한 기억들이 오가는
뱃전에 맺힐 때 껍데기 뒤집어쓰고
겨울잠 자던 쭈꾸미가 털털 털리며
어판장 앞에서 기지개를 켠다

나고 자라 짠맛도 그리운 기억의 저편
아지랑이 가물가물 단내나게 뛰어온

세상살이 둘둘 말아 가슴에 넣다 펼치면
눈물 나게 서러운 젊은 날이 오글오글 피어
중매인의 숫자 소리에 너울거리고
처절한 삶의 파고는 파동에 쓸리며
어릴 적 냉이 달래 캐는 손끝 아린 곳엔
언제나 따스한 봄의 노래가 젖어 있다.

소풍

—보물찾기

늦여름 호젓한 물가 숲길 거닐다
떨어져 시들어가는 봉숭아 꽃
한 잎 주워 주술을 외며
손가락으로 찧어 새끼손톱에
올려놓고 풀잎 뜯어 묶고
첫눈 올 때까지 남아 있게 해 달랬지

빨갛게 물든 손톱이 작아지는 만큼
쌓여가는 색색의 빛깔들이
마주 잡은 손에 사연 뿌리고
세월을 풀섶에 감추고
만남의 넉넉함 가슴에 담는다

그사이 십이월 초하루 첫눈이 온다
깍지낀 손톱에 남은 빨간 세상
하얗게 물든 설렘 하늘로 날리면
찬란한 꽃잎 우수수 보물 되어
우리 나무 사이로 숨겨지고 있다.

길제

파란 구름 숲 햇살 빗댄 후손들은
사방으로 흩어져 본연의 뿌리마저 잊은 채
바람에 흔들리고 있다

잎이 떨어지는 길 따라
한 잎 두 잎 밟다 손을 뻗어 한 움큼
잘려나간 지나온 시간 속에서 시린 조각들로
휑한 마음 채워 후손들 겨울을 막아주려나
유세차維歲次 상향尙饗
잔을 따르고 절을 하고 음복하며 한껏 펼친
할아버지 품에 안겨 다시금 파사로운 햇살 부른다

머리에 내린 흰 서리 성성한 몇 안 된 직계
어른의 미소와 긴 한숨이 뿜어낸 오색 잎들
바람 따라 휘돌아 보면 흐드러진 억새꽃 빠알간 감
벼수확이 끝난 황량한 들녘 가을은 뜯긴 잎새 사이로
손에서 힘없이 떠나고 있다.

4부

가족

고덕에서 마음이 봄바람 타고 실려 왔습니다
부부로 살아온 세월 삼십 칠년 철 따라 마음을
실어 보낸 어머니 손끝에 새긴 즈홍글씨처럼
늘 그 자리는 가슴 아린 계절이 실려 옵니다

바쁘다는 핑계로 뵐 때보다 뵙지 못한 날들이
산처럼 쌓여 걷기도 버거운 구순을 바라보는
잔주름이 철 따라 다른 빛깔로 와 닿고
풍성한 식탁은 그날따라 애잔함이 가득합니다

끝도 이유도 없이 그냥 받는
염치없는 자식으로 배를 채운 날이면
계절을 앞서 먹는 듯 허기진 정신
가득 채운 마음으로 두 손 모아
계신 곳을 향해 고개 숙이고 있습니다.

기우제
—안개

산발치로 안개가 휘어돌아 머문 텃밭
겨울가뭄에 목마른 농심 타들어가고
옴싹 옴싹 말라가는 둔덕 새로 봄동이
희물건 서리 털고 일어서고 있다

길 잃고 떠도는 안개비가 쪽파 마늘
깐보며 산허리로 사라져 버리면
햇살에 비친 한덩이 정신은
흙빛 까울러 쓰고 구름 향해 뭐야
언제 오냐며 물초롱을 흔들고 있다

터전에 짐새[鴆鳥]가 날지도 않는데
논밭의 작물이 말라 죽어 가는 현실
짐독인 줄 모르고 껄떡이는 이무기
불신과 이설로 벌려놓은 망상의 굿판

팔다리 온 삭신이 쑤시는 걸 보니
한바탕 푸닥거리 하려는 듯 안개가

또드락 장단에 하늘을 두드리고 있다.

매듭 달

마지막 남은 달력 한 장 아쉬운 듯
웃풍에 흐느끼며 나부끼는 소리가
재우지 못한 잠 깨워 밤을 꽁꽁 얼리고 있다

일월부터 열두 달 점점 작아지고
커지는 것이 균형을 잃고 허둥대며
놓지 않으려 몸부림치는 밤이면
숭숭 뚫린 빈 가슴 헤집고 들어와
아프게 두드리는 허전함 똬리를 튼다

숯불이 체온을 빼앗아간 질화로 아랫목이
매듭 달에 매단 세월을 나이에 덧대니
시린 그리움이 하얗게 내려
서리보다 차갑게 파고들고 있다

꽁꽁 언 동짓날 밤보다 짧은 인연 쌓였다
사라진 자리 밤새 보고픔에 울컥 피를 토하듯
헛기침 몇 번 깊은 숨 몰아쉬고

어둠 속에 흔들리는 애틋함 화롯불에 녹여 놓고
뒤적뒤적 새벽을 깨우고 있다.

간지干支

눈이 내린 언덕배기 구르마를 끌고
지나던 그림자가 어른거리는 그곳에
자동차가 빌빌거리며 뒷걸음치고
한복 차림 신혼부부는
어쩔 줄 몰라 당황하며 허둥대는 해거름
비닐하우스 둘러보러 나온 아재가
여기저기 찢겨 나풀거린 비닐 깁다
나오는 한숨 소리와 눈 쓸어내는
소리가 소용돌이치며 휘몰려 있다

어이 젊은이 어디 간디 그러고 있어
네, 이 너머로 귀농했는데
양가 부모님 뵙고 오는 길인데 이렇네요
선생님 방법이 없을까요
그려 이렇게 눈 오면 레카차도 여긴 못 와
기다려봐 하며 핸폰으로 어이 얼른 뿌락데기
좀 가져오소 잉 경운기로는 안된당께
한참 후 트랙터를 몰고 나타난 아짐이 능숙하게
밧줄로 자동차를 매고 새댁까지 끌어다 주며

그려 이것이 여그 인심이당께
같이 잘 살아 보더라고 알았제

흰소! 콧김 뿜으며 함께 했던 그 길을
흑호가 어슬렁거리며 다가오는 새해
땅을 뒤집고 닦는 주변의 농기계가
12간지 동물의 모습으로
으르렁 을러대며 함께 나누고
씨앗을 뿌리며 덜그렁 설그렁
이 땅을 따습게 데우고 있다.

새해
—虎德에서

범골에 범이 산다기에 찾았다
눈과 정신이 뒤섞여 펑펑 쏟은
그리움을 삭이며 찬바람 따라 끌리듯
스친 좁다란 길 어귀 밤새 사냥한
자국들이 실타래 풀어 놓듯
이리저리 흩어져 길을 잃고 있다

범 없는 골짜기 설화가 흔들
해리한 놈 찾아 헤맨 수리가 부라리며
뱅뱅 맴돈 이곳은 거짓 없는 생존 본능
살아 벌떡이며 눈밭에 뒹굴고
무질서 속 질서는 천연하다

어스름 햇살 빗댄 그림자 검은 호랑이
포효하며 덤벼들듯 입속으로 빨려든 새해
설핏 산 그림자에 나타나고
하늘이 지친 삶 깨우려 눈 내려 사냥하면

만신창이 범골 자국마다 희망을 품고
따스한 바람에 비가 되어 목을 적신다.

빈독골 가는 길

돌두막 솟대 국화 막막함이
사라진 그늘막 넘어 세상은
잎에 잎이 포개진 진자리
곱게 물든 노을 한 입 베어
붉은 들녘에 뿌리면
햇살 가득 꽃비가 온다

향내 분내 뒤섞인 생활의 언저리
모두 죽어 바람이 되고 먼지가 돼
다시 몸속으로 내면의 젖줄을 빠는
어린아이처럼 이성을 먹고 자라
새 아침 이슬 속으로 숨는다

철 지난 봉숭아 가녀린 구절초가
한들거린 후미진 곳은
산 그늘 드리우고 인생 고비길 넘어
황혼에 물든 어릿광대의
여유와 쓸쓸함이 산허리 휘감고 있다.

투덜거림

설날 아무도 오지 않을 걸
알면서 집 안팎을 청소하며
막연히 하늘을 바라본다

오는 것보다 가는 것에
익숙한 세월이 침묵 속에
스며들고 채울 수 없는 보고픔
바람 따라 흩어지며 뒤집고 있다

목 빠지게 기웃거린 밖은
동태된 양말과 속옷이
빳빳히 매달려 집게를 흔들고
헛기침에 애달피 우는 문풍지

밤새 뜬눈으로 그린 이야기꽃은
쓸쓸히 방안 맴돌다 힘없이 시들고
흐느끼듯 뱁새 소리만 재잘거린다.

여울목

설 인사로 집 근처 햇살에
곤지 찍어 알큰히 벙근
세상 담아 안부 전한지
엊그제 같은데 2월의 끝자락이다

비대면 시대 몸과 마음은 어딘가
봄눈 내리는 날 멀건 민낯으로
헐떡이고 아려오는 보고픔 삭이면
무슨 여유인지 품 안의 세상은
매화 향기 가득하다

떨쳐버려야 할 그리움 붙잡고
미적미적 문득문득 잘 지내겠지?
홍매보다 더 진한 선홍빛 입술을
그리며 울컥 토해낸 애틋함이
시리게 얼룩져 망울망울 물들이고 있다

그래 아닌게야 2월의 채울 수 없는 빈 맘

속살에 파고든 차가움도 계절의 진화겠지
나가려다 돌아와 겨울 외투를 벗고
눈 속에 핀 홍매 떨어지는 소릴 듣는다.

임인년

설이 얼마 남지 않은 날 버석버석
얼어붙은 밭에는 꽁꽁 언 땅을 뚫고
자란 마늘 매콤한 향기 코끝에 머물고
고요가 고요를 우겨넣듯
차가운 바람만 기다림 태우고 있다

그래 잘들 지내는지 통 소식도 없고
서로가 서로를 그리워하며
살아가는 우리의 생활 관심마저
앗아버린 코로나19, 3년
세상은 그놈을 잡겠다고 집콕
비대면 삭막함 가상공간 통화
지루하고 답답함을 못내 고통으로
감내하고 있음이다

설이 다가오는데 가까운 곳에 있지만
만날 수 없음을 알기에 못 견디게 보고
싶어지면 잊고자 미친 듯 허겁지겁

그곳을 떠도는 가련함이
분내 가득 가슴에 머물고 있다

새 아침 상고대가 하얗게 내려앉은 창밖
바라보며 간밤 꿈속에 검은 흐랑이 포효
넉넉한 기운과 희망 가득 햇살에 콧김 뿜어
서리듯 근심 걱정 바람결에 날려버린
임인년 새해가 힘차게 이 땅을 내딛고 있다.

마실

답답함을 아는지 눈이 내린다
무뎌진 마음 추스르려
마스크로 무장하고 밖으로 나오니
옆집 강아지 까치 쫓아 이리저리
휘젓고 다닌 꽁꽁 언 밭고랑에는
마늘이 돋아 향기 풍기고 있다

분간할 수 없는 온통 하얀 세상
발자국 남기며 샛길 따라 걷다
앞을 보니 길은 사라지고 뿌연 눈보라
내게로 덤벼들어 눌러쓴 모자잡고
온몸으로 맞서본다

차라리 시원하다 아랫목 붙들고 끙끙대며
모래성 쌓았다 부수는 환상 속의 부대낌
벌거벗은 온몸으로 부딪쳐
눈꽃을 피우는 산길 나무처럼
맞은 눈송이에 젖어 드는 끈적임이

살아 있음을 요동치게 한다

한참을 눈요기하다 으슬으슬 한기에
되돌아오며 자연의 귓등에 속삭여 본다
눈 덮인 저 건너 밭에는 봄이 되면
흐드러지게 흰 매화가 피겠지.

십일월의 거리

진눈깨비 얼굴에 내려앉아 글썽이는 날
추적추적 거리를 나섰다
북적이던 거리는 떨어진 낙엽
바람에 이끌려 이리저리 비벼대며
와글와글 스산함 깨우고 있다

온갖 번뇌 움켜쥔 마음
몸뚱이에 의지해 잡았다 놓았다
찬바람에 쓸려 애꿎은 세상에
돌을 던지고 맞아 깨진 유리 파편처럼
희끗희끗 흩어진 거리는 찍힌 자국 지우고
채워지지 않은 허기만 모락모락 피워내는
김 서린 창가를 얼쩡거리고 있다

에라이 언놈은 요놈 조놈 우려먹고
아닌 척 뱃뎅이 두드리고
언놈은 찬물에 밥 말아 먹고 이빨 쑤시는
허세가 꽁꽁 얼어붙게 하는 거리에서

언 마음 녹여 줄 곳은 어디란 말인가?

이럴 때 차리라 함박눈이라도 올 것이지.

모퉁이

철 이른 봄날 햇볕 쫓아
난간에 매달린 비둘기
그 아래 턱진 경계석 위
자리 다툼하며 매달려
줄지어 모이 쪼듯 위아래
서로 따로 세월 쪼는 반백들

그곳은 저들로 생성된 씨앗과
세상이 햇볕에 타다 남은 듯
쉼 없이 모으고 쪼개며 한낮
빛바랜 현실을 바람에 날려
공중 부양하고 있다

지나는 눈빛에 댄 듯 숨소리마저
기어든 수컷들 날개 퍼덕이며 나르려
애를 쓰지만 제자리 맴돌고
볕과 모이로 채울 수 없는 허기가
주눅 든 세상에 뒹굴고 있다.

뻥튀기

월요일 밤 함께 찾고 내려놓는 시간
울퉁불퉁 부푼 곡물처럼
서로 다른 생각 한 짐 펼쳐놓고
비워지는 순간 주전부리로 마음 채운다

오색 삶이 고스란히 투영된 빛깔
과거 현재 미래 그 자리엔 새로움이
웃음과 여유 입속에 부풀어 맛을 돋고
젊은 날의 아련한 기억들이 꿈틀거린다

생각의 질량은 무게가 아니기에
비움과 채움은 되새김 되고
자리에 펼친 정신 주워 담아
한입 깨물고 살아가는 나를 보면

오방색 입속 맴돌아 우주로 날고 있다.

닦이지 않는 눈물

지나온 날들의 시린 아련함이
눈물로 번질 때
계절을 덧칠한 가을은 풍요에 묻혀
절절하게 아린 화려한 슬픔을 잊고
정녕 행복의 씨앗이라 할 수 있을까

불현듯 오래된 사진첩을 뒤적이며
빛바랜 사진을 보다 가슴에 솟구친
불덩이 하나 눈물로 씻겨 내린 순간
휑한 쓸쓸함이 뚫린 맘을 훑고 있다

울컥 정신을 내려놓듯
목 놓아 울고 싶은 것도 아니고
그냥 눈물이 나는 세월의 뒤안길
흐르는 눈물은 차갑기만 한데
따뜻한 빈 가슴 바람이 스친다

눈물 자국이 온몸에 펴져

어둠에 빛나는 별이 되고
색인索引에 감춰 성호를 긋는
아담의 눈물은 빚진 원죄일까
삶에 섞인 사연들이 밤을 적신다.

깁다 남은 계절

수혀루 흐르는 냇가엔 다슬기 옹기종기
모여 떠나보낸 아쉬움에 끌어안고
뒹굴다 흘려보낸 정겨움 아롱거린 흐름
따라 수족관 구피 만나 새살림을 차렸다

냉장고에 대파를 두고 먹는 것도
오래가지 못해 읍내 나가 대파 모종
사려 해도 때가 늦어 없다고 한다
허탈하게 집에 오는 길
깻대 뽑고 있는 자연 아빠께
대파 있으면 좀 달라고 했더니
빈독골 몰랑밭에 가서 뽑아 가란다

몰랑밭 가는 길에 메뚜기 사마귀
풀벌레가 풀짝이며 놀란 듯 숨고 있다
대파 한 움큼 호미로 뿌리째 캐 와서
뒤꼍 감나무 사이 낙엽
헤치고 두둑 만들어 심는데

땀이 머리끝으로 역류하듯 솟아
넘치는 정을 나누고 있다

때맞춰 비가 내리고 이랑마다 덮인
비닐 속에서 목마름에 아우성치는 마늘
상추 시금치 배추 무우 지렁이까지
또드락 장단에 입 벌려 축이고
어둠은 밤벌레 불러모아 굿판 벌이면
날아든 반딧불이 소리만 요란한 귀뚜리
헐거운 계절은 바늘귀에 걸린
마음 옭아매는데
악마구리 목놓아 가을을 깁고 있다.

햇살

아침 빼꼼히 물든 연두 잎 사이로
초록 물결 팔랑이는 창가에 기대앉아
밖을 보니 눈 부신 햇살 맞으며
나비 한 쌍이 두런거리고 있다

밤새 애달픈 연인의 눈물인지
독거노인의 한숨인지
외로움에 찌든 사연들이
이슬방울 되어 햇살을 먹고
잎새에 내려앉아
반짝반짝 눈을 뜨고 있다

웃고 떠든 기억 떠올라 시큰함
햇살 가득 콧김이 서리면
새날 새롭게 찾아든 상처
깊게 파여 아려오는 통증에
화들짝 자리 털고 기지개를 켠다.

해설

지역의 주인으로 살기 위한 시적 모색

전상기(문학평론가)

1.

2022년 한국의 지방에서 산다는 것은 무엇일까. 도청 소재지는 그나마 수도권 위성 도시의 모양새를 갖추고 있다지만 그 외 지역은 어떠한가.

60세 청년회장이 흔하다 못해 7~80 노인이 농사를 짓는가 하면, 아이 울음이 들리지 않거나 노총각으로 늙어가는 중늙은이 농사꾼도 쉽게 찾아볼 수 있는 상황이 2022년 한국 농어촌이 처한 현실이다. 지방 정부의 존재와 역할이 희미해지고 있다. 그것은 결국 지역에 사람이 살지 않고 자꾸만 인구가 줄어들고 있기 때문이다. 농사를 짓던 논과 밭은 잡초밭과 유휴지로 변해서 자연 상태로 돌아가고 있거나 어떻게 할 수 없는 황무지로 바뀌어 곤충과 들짐승들의 온상이 되고 있다. 간혹 귀촌을 하거나 휴양을 위해 지역에 내려오는 사람들이 있기는 하지만 적응을 하지 못하고 다시 도시로 돌아가는가 하면, 오래 머물지 않고 이내 떠나고 마는 경우가 대부분이다. 그리하여 농촌과 산골, 오지와 어촌에는 고령의 인구들만이 주류를 이루고 있다.

마지막 남은 달력 한 장 아쉬운 듯
웃풍에 흐느끼며 나부끼는 소리가
재우지 못한 잠 깨워 밤을 꽁꽁 얼리고 있다

일월부터 열두 달 점점 작아지고
커지는 것이 균형을 잃고 허둥대며
놓지 않으려 몸부림치는 밤이면
숭숭 뚫린 빈 가슴 헤집고 들어와
아프게 두드리는 허전함 똬리를 튼다

숯불이 체온을 빼앗아간 질화로 아랫목이
매듭 달에 매단 세월을 나이에 덧대니
시린 그리움이 하얗게 내려
서리보다 차갑게 파고들고 있다

꽁꽁 언 동짓날 밤보다 짧은 인연 쌓였다
사라진 자리 밤새 보고픔에 울컥 피를 토하듯
헛기침 몇 번 깊은 숨 몰아쉬고
어둠 속에 흔들리는 애틋함 화롯불에 녹여 놓고
뒤적뒤적 새벽을 깨우고 있다.

—「매듭 달」 전문

「매듭 달」은 아마도 나이 든 사람들 모두가 느끼는 12월의 소회를 대변하는 것처럼 보인다. "잠 깨워 밤을 꽁꽁 얼리고"나 "놓지 않으려 몸부림치는 밤", "숭숭 뚫린 빈 가슴", "매듭 달에 매단 세월", "짧은 인연 쌓였다 사라진 자리", "헛기침 몇 번 깊은숨 몰아쉬고" 등이 환기시키는 삶의 지난한 과정과 상실, 아픔, 불면, 가쁜 숨들이 자연스럽게 연상된다. 긴 세월 살며 한 해를 또 보내는 '아쉬움'이 텅 빈 공허감('똬리')과 외로움('그리움', '서리', '차갑게')을 저리게 함에도 불구하고 '흔들리는 애틋함'으로 온정을 갖고 새벽을 맞는 시적 화자의 항상심은 지방 소멸을 운위하는 이 시대의 자그맣고 고고히 빛이 나는 촛불이 될 것인가.

남선현 시인은 남도의 끝자락 '고흥반도'에서 지역의 파수꾼으로 고향을 사랑하고 지키며 지역민의 자긍심과 사명감을 '고흥작가회'의 활동을 통해 지속하고 있는 문학예술인이다. 그는 지역예술인으로서 지역민들과 소통하며 지역민들의 노동과 고통, 소외감, 분노, 항의에 공감하는 한편, 궁극적으로는 지역의 상생을 위하여 함께 웃고 울고 온몸으로 받아 안고 감싸 안으면서 그 경험을 시적 기록으로 남겨 왔다. '고흥작가회'의 집단작품집에도 꾸준히 참가하여 작품을 싣는가 하면, 틈틈이 작품집을 펴내 이번이 6번째 개인 시집이다.

철 이른 무논에 푸른 산 내려와
멱을 감는지 잔물결 일 때마다
덤벙대는 개구리 첨벙거리고
언뜻 물총새 먹이 물고 나타나
조용한 동네를 깨우고 있다

불덩이 같던 햇살 잦아든 저녁
공터가 왈왈대니 귀가 먹먹하고
웽웽거려 뭔 소린지 모를 울림
담벽에 부딪쳐 쏟아진
무논은 한바탕 소용돌이치며
확성기 소리에 투덜거린다

때가 됐는갑네 시끄럽게 헌 것이
늘 똑같드만 뭐허고 뭐해 주것다고
함시롱 잘해논게 무엇이당가?
비료값은 올린다 허고 물가는 올라
어째야할까 몰긋는디
이노무 시상 엇찌께 살아야
옳은것이당가잉? 연신 귀를 후비는
옆집 아짐 구시렁거림이
이 땅의 목소리인 걸 왜 모르는지?

선거 차량이 떠들다 간 자리
별들이 하늘을 수놓고
어둠이 내린 무논은 달빛 내려
고요 속에 잠긴 동네를 품고
드렁드렁 코를 골며 잠이 든다.

—「무논」 전문

'무논'의 상징성은 '옆집 아짐'의 목소리를 빌려 '이 땅의 목소리'로 대표되는데, 이보다

선거 차량이 떠들다 간 자리
별들이 하늘을 수놓고
어둠이 내린 무논은 달빛 내려
고요 속에 잠긴 동네를 품고
드렁드렁 코를 골며 잠이 든다

선거 유세를 꿰어 담고 산그림자를 품으며 개구리와 물총새의 치열한 삶터도 되고 지어(至於)는 별들을 안아 빛내는가 하면, 동네의 근심 걱정마저 잠재우는 진정한 소생의 능력을 발휘한다는 점에 초점을 둬야 한다. 습지의 한 종류로서의 논은 자정작용을 비롯하여 생태계의 보고일 뿐만 아니라, 하천의 수질보호와 농어업에서는 수산 및 어족자원의 서식처이자 하나의 생태를 갖춘 벼 생산지이며 저수지 역할에다가, 논에 사는 다양한 생물들의 모습과 함께 논과 연계된 경관이 아름답고 독특한 풍경을 만들어 내는 휴식처를 제공한다. (무)논과 갯벌이야말로 반농반어(半農半漁)의 삶을 사는 고흥지역민들의 생애를 집약해주는 생산현장 · 생명보전의 생생한 장처(長處) 아니던가.

이등국민, 도시 수도권의 식민지 백성으로 저임금 저곡가 정책의 희생자가 된 노동자 농민의 현실은 전혀 개선되지 않은 채로 고사 위기에 빠진 지역의 소식은 어제 오늘의 얘기가

아니다. 「연못」처럼,

날리고 떨어지며 모인 그곳은
마음이 뒤섞여 물속 어리연 뒤덮고
알 수 없는 집단이기로 덧칠하듯
화려하게 깨어나고 있다

마음아 낙엽아 삶과 죽음의 혼촉아
잔물결 흐느끼는 계절의 절망아
낮과 밤의 사연들 내려
물결 속 아린 그리움 흔들리며
깊어가는 가을을 줍고 있다

무엇이 옳고 그름인가 서로 다른
빛과 색 흔들리는 바람 소리
버림의 아픔 구석구석 넣고 쌓아
생활의 고달픔마저 품어주는 너
한숨까지 연원에 빠져 허우적거린
소리 흩어져 전신을 후비고 있다.

"버림의 아픔 구석구석 넣고 쌓아/ 생활의 고달픔마저 품어주는 너"의 품 넓고 속 깊은 저간의 사정은 "밥 한 공기 300원 보장하라"[1]로 드러나는 형국이지만, 농민 혹은 어민의 재생산성은 "연원(淵源)"이 만만치 않다. '어성초 작약 사랑초/ 민들

---

1) 김흥중, 「아스팔트 위 농민 외침 "밥 한 공기 300원 보장하라"」, ≪한국농업신문≫, 2022. 10.26(http://www.newsfarm.co.kr/news/articleView.html?idxno=79149)

레 토끼풀 등등'의 '약초인지 잡초인지' '풀들'의 왕성한 생명력과 '개미 돈벌레 지네 지렁이 웬 놈들이/ 등쌀'(「땅따먹기」)대는 뭇 생령들의 약동과 활발한 생장력은 가히 박멸 내지 제거해낼 수 있는 생각의 어리석음을 코웃음칠 뿐이다. 일희일비에 종종 흔들리고 부아를 내기도 하지만 농심(農心)과 어심(漁心)의 기본적이고 통상적인 생각은 뿌리 깊은 나무와 갯벌 속 침향처럼 땅 속 깊숙이 박혀 저 사는 지역에서 더욱 더 '푸른 숲 버팀목'(「후예」)의 모습을 익히는 것이다.

"꽁꽁 언 땅을 뚫고 자란 마늘/ 매콤한 향기 코끝에 머물고"(「임인년」) "매화 향기 가득하"니(「여울목」) 생명의 순환적이고 그칠 줄 모르는 자연의 이치는 "눈 덮인 저 건너 밭에는 봄이 되면/ 흐드러지게 흰 매화가 피겠지."(「마실」)를 추호의 의심도 없이 구현해낸다. 생명의 어마어마한 연속과 역동적인 에너지, 그 무엇에도 저촉되지 않고 자신의 의무(임무)와 역할에 충실한 우주적인 활동은 지치거나 구애되는 일이 없이 '무논' 그 자체로, 혹은 '연못'의 형상대로, 그리고 바다와 갯벌의 그 본성 그대로 무수히 많은 비확률적인 예측과 변화무쌍한 창의성을 발휘한다.

2.

그랬는데 이 절대적인 우주의 질서에 훼방을 놓으며 자연의 이치에 반하는 일들이 전 세계적으로, 그리고 한반도의 '고흥반도'에서도 벌어지고 있는 것이다. 「동티」에서 우려하는 바

대로

따스한 햇살이 그리운 날
개울 따라 흐르다 쉬는 자리
투명한 물 한 방울과 짙푸른 떨림
내 속이 강이 되는 모양이다

낙엽이 썩어 흙이 되고 흙이 썩어
생명수가 되어
두렵고 서러운 한탄마저 품어 안고
개여울은 검은빛 초록빛 맞닿고
오글오글 주꾸미 단풍 잎새로
송사리 떼 몸짓에
보드라운 봄 소리가 산뜻하다

아직 시린 바람은 등 돌려 외면한 채
물거울에 낙엽 띄워 개울을 흔들고
동티난 이 땅은 냉기마저 쏟아붓고 있다.

—「동티」 전문

계절의 변화가 지연, 혹은 교란되고 이상기온으로 말미암은 자연재해가 빈번하게 벌어지고 있다. 「가을장마」도 "곡식 영글 때가 되었는데" "쉽도록 희묽은 것은 망상에 물들"거니와, "봄부터 할퀴더니 여름 가을인데/ 온몸 휘감고 손톱 세워 동백 무 배추/ 비파 민들레 원추리 쇠무릎 상추 뽕/ 뭔 너무 살이가 남 괴롭히며/ 살아야 하는 운명을 타고났기에/ 오늘도 나와 한바탕 푸닥거리 한다"(「빨간 낮달 2—환삼덩굴」). "터전에 짐새(鴆鳥)가 날지도 않는데/ 논밭의 작물이 말라 죽어가는 현실/ 짐독인 줄 모르고 껄떡이는 이무기/ 불신과 이설로 벌려놓은 망상의 굿판"(「기우제—안개」)이 펼쳐진다. "무면허 돌팔이 개복이 하는 짓"(「개복」)이 또 "피 묻은 손으로 마귀처럼" "앞산"을 "난도질"해 놓고 "이놈저놈 똥구 빨다 뱉어낸/ 불순한 이물질 볼썽사납게/ 널브러져 옮고 있다." "맑고 깨끗해 살기 좋은 곳이란/ 없어진 지 오래 필요에 따라/ 허방둔병 삽질하며 고인 물에/ 물똥 갈기고 돌아서는 똥파리들"만 "웽웽"대고(「청정淸淨」) 급기야 자연은 이제 「역습逆襲」을 해온다.

시간의 굴레에 갇혀
종일 기다림의 미학을
배우는 황사가 쏟아진다

흐르다 돌계단 틈새
먼지가 씨앗을 품고
내려앉아 싹을 틔우고 있다

누런 하늘에 푸른 해가
숨을 헐떡이고
빗방울에 맺힌 알갱이는
붉은 피로 얼룩져 인간을
향해 덤벼들고 있다.

—「역습逆襲」 전문

뿐인가, 꿀벌이 사라지고,

텅 빈 벌통만 휑그렁 넋 나간
눈빛으로 바라보는 양봉업자 한숨 소리
꽃들의 앓는 소리 노랗고 하얗게 내린
꽃 섶을 헤집는 소리가 뒤섞여 온통
눈물바다가 되어 있다

벌이 없는 세상 생태 엇박자
죽음으로 몰아넣는 기후변화
누가 만든 지옥인가
경이로운 생명의 진화 마저
갈라친 탐욕은 어디까지일까

꽃을 찾던 일벌들이 사라져버린
끔찍한 현상
여기저기 꽃은 피어 손짓하지만
일손마저 빼앗겨버린 거리의 천사들
뒤영벌 호박벌 값만 치솟고
홀로 핀 꽃 마른 눈물 누가 닦아주나.

—「꿀벌이 사라졌어」 전문

팬데믹이 전세계를 강타했다("그래 오늘이 코로나19에 자식 놈/ 빼앗긴 지 49일" 「아비는」).

봄꽃들이 소곤소곤 재잘대는
봄날 기별이 왔다 저 아래 갯가 집

혼자 돼 아직도 자식들
밑 닦아주고 살던 아짐이 저세상 갔는데
글쎄 코로나 때문에 마지막 가는 길도
못 보고 보냈다고 막내딸이 묘에서
서럽게 울다 실신해 병원에 실려 갔단다

봄바람 산들거린 텃밭에 거름 뿌리다
뇌출혈로 병원에 실려 간 아제는
목숨은 건졌지만 식물인간이 되
연명치료 갈등 속에 일 년 넘게 사투하다
올 수 없는 곳으로 가버렸단다

자식들 독거노인 꽃잎 가족 나라 세상
평행이론으로 합리화 하기에는 계절이
너무 무섭고 아프고 슬프다
쑥덕쑥덕 파고드는 꽃잎 떨어지는 소리에
대책 없이 입방아 찧는 입들이 밉다.

—「입방아」 전문

엎친 데 덮친 격으로 재난은 개인에게 찾아오다가 지역사회를 거쳐 공동체 전체로 확산되고 국가 단위로 퍼지는가 싶더니 국경을 넘어 권역을 넓히다 전세계를 뒤덮는 순서를 밟는다. 아마도 지구 밖 우주에까지 뻗어갈 재난 창궐의 상상은 전혀 어불성설이 아니게 됐다. 우주 공간에 떠도는 쓰레기의 폐기 위성 잔해들은 인간이 저질러온 인간세의 퇴적물 내지 공중 화석으로 자리매김될 것이다. 하물며 언제 어떻게 지구상의 바이러스나 세균, 전염병원들이 최첨단 과학기술기기에 포장

밀봉되어 은하계나 은하계 저 밖 우주 멀리로 가게 될지는 누구도 짐작할 수 없고 그건 말이 안 된다고 장담할 수도 없다.

경천동지(驚天動地)와 상전벽해(桑田碧海)는 지구의 지층 변화를 추상적으로 일컫는 말로 쓰이지만 자연환경이 전도되는 전율과 공포의 아포칼립스 상황을 "저기 좀 봐!"라는 경고로 일깨우는 윤리란!

비 갠 서녘엔 뒤집힌 땅 하늘로 올라
구름으로 수놓은 유월 산수화
하얗게 쌓인 눈 쓸고 남은 자국
휘이 그어져 있다

어느새 나타난 양 떼들 산허리 휘감고
심어놓은 무논 벌겋게 꼬시라진 나락
목말라 아우성치는데
다랭이 논에 갯물이 잘 잘
돈도 쌀도 양심도 태우고 있다

희물그런 논둑 사이로 뱅기가
살피를 남기고 사라진
거무스름하게 뒤집힌 갯논
땅거미가 서러운 듯
인간아 인간들아 외치며
멱살잡이 하는 불신 향해
핏빛 물감을 뿌리고 있다.

—「저기 좀 봐」 전문

자연이 외치는 "인간아 인간들아"를 듣는자 누구인가.

3.

시인은, "강가 혼자된 아비새"가 되어

> 하늘색 얼굴 빗댄 봄까치꽃 개여울 흔들며
> 훌쩍이던 아비의 쓸쓸함 부리에 찢긴 울부짐
> 얼음 속에 묻고 기지개 켜며 외로움 털면
> 묵혀둔 짓누름 송알송알 꽃을 피운다
>
> —「꽃송이」 부분

"봄을 주고/ 떠나"ㄴ다. 시인만이 자연의 소리를 듣고 자연의 이치를 깨닫는 까닭이다. "새 깃 털며 날고자 몸부림쳐 부르지만/ 힘겨워 널브러지고 그곳엔 봄내가 하늘하늘/ 우주에 뿌린 소금인 듯 별꽃이 빛나고 있다". 봄을 맞아 봄내음을 맡고 털갈이를 하며 힘찬 날개짓으로 창공을 날려 하나 이제는 기력이 달리고 몸의 움직임이 부자연스러워 널브러진다. 이제는 가야하는 하늘길, 창공에 빛나는 별이 될 운명을 받아들이며 지상에서의 추억들에 위안을 삼고 새끼새들의 성장과 왕성한 활동에 뿌듯해도 하면서 들에 핀 꽃들만큼이나 많은 사연들과 세월의 바람에 꺾여 죽어야 하는 순리를 맞아야 한다. 그럼에도 지상의 삶을 이별하고 사랑하는 새끼새들과 남은 새들과의 작별이 아쉬운 까닭에 눈물이 나니 날 수는 없다. 그리고 그것은 산자들에 대한 예의이자 죽음을 맞는 자의 겸손한 용기이기도 한 것이다.

이러한 깨달음에 도달하기까지 시인은 '가시'의 세월을 통과했다는 점이 적시돼야 한다.

> 겨울이 오면 유자 향이 너울거리는
> 고즈넉한 고흥의 들녘
> 가시와 출렁이는 핏자국이
> 가슴에 멍으로 얼룩져 비로소 수확의
> 기쁨 진한 향내 뿜고 노랗게 익는다
>
> 타향살이에 이골난 작은 형은 목부였다
> 그 영혼이 가시덤불에 엉켜
> 쇠뿔 같은 낮달이 뻘겋게 타고 있다
> 흰 소는 몸부림치며 세월 속에 팔려가고
> 손톱 끝 가시가 살 속 헤집고 파고들어
> 견딜 수 없는 날들이 이어지고 있다
>
> 검은 호랑이가 어슬렁거리며 다가온다
> 가시는 또 한 세상 나직이 채찍질하듯
> 찌르고 할퀴며 새롭게 꽃 피우고
> 그만큼의 상처 그만큼의 기쁨을 담는다.

—「가시」 전문

60년에 한 번씩 찾아오는 '검은 호랑이'해 임인년(壬寅年)을 맞아 여태까지 살아온 날과 자라나온 고장의 대표적인 특산물인 유자(柚子)를 빗대 간난신고(艱難辛苦)의 삶을 요약평가해 보는 시적 자아의 진정성은 농민의 그것과 어민의 마음으로,

하느님의 뜻과 어긋나 다시 회복·봉합하려는 혼신의 노력을 보여준다. "가시와 출렁이는 핏자국"이 "그 영혼이 가시덤불에 엉켜" "손톱 끝 가시가 살 속 헤집고 파고들어/ 견딜 수 없는 날들이 이어지고 있다". 생명은 그렇게라도 꿋꿋이 견디고 이겨내어 살아가야 한다.

가슴에 멍으로 얼룩져 비로소 수확의
기쁨 진한 향내 뿜고 노랗게 익는다

고통과 상처로 얼룩진 인생이라야 삶의 의미가 풍부해지고 깊어지듯이 유자도 가시가 뾰족하고 찔리면 비명을 지르지 않을 수 없을 정도로 아픈 나무에서 열리기 때문에 '진한 향내'를 풍긴다. "가시는 또 한 세상 나직이 채찍질하듯/ 찌르고 할퀴며 새롭게 꽃 피우고/ 그만큼의 상처 그만큼의 기쁨을 담는다."

지금 농촌과 어촌에는 일할 사람이 없어서 때가 되면 외국에서 일하러 온 계절노동자들이 오간다.

비닐하우스, 농어축산물 가공공장 옆에
작은 콘테이너에서 낯선 사람들이 잠이 덜 깨
푸석하게 하품하며 수돗가에 나와 받아둔 물을
깨쳐가며 식기를 닦고 호호 손을 불며
물 적셔 머리와 얼굴을 쓱 쓱 훔치며 애써
웃는 모습에 밝은 아침 햇살이 비친다

정월 대보름 빈독골 공터에서 마당밟기가 한창이다
노인 상쇠와 젊은 이주노동자들이 매구로 하나 되어
벅구 춤을 추면 걸판지게 을러대는 촐래소리가
언뜻 또드락 굿이 되지만 가락이 맞든 말든 함께 만든
굿판은 서로의 마음을 얽어놓고 조상을 부르고 있다

팔십 년 오월 군부에 맞선 광주의 하늘을 울음과
분노에 젖게 만든 거리방송 떨림의 소리가
가슴에 파고드는데 전옥주님은 천상으로 떠나셨다
영혼을 달래려 젊은 춤꾼을 깨우던 백기완 선생
"맨 첫발 딱 한발 띠기에 목숨을 걸어라" 외치던 함성
묏비나리의 임들은 이승에서 못 이룬 민족통일을
산 자에게 맡기고 걸궁에 스며 민중을 깨운다

막걸리 맛을 아는지 로힝야족인지 버마족인지 거나하게
취해 알 수 없는 한풀이를 벅구에 싣고 눈물반 콧물반 섞인
소리로 괴성을 지르니 간절한 소망이 길굿 가락에 파고들어
그 땅 걸립패가 공양하며 내는 목탁 소리보다 위대한
찢긴 울부짖으로 가슴을 후빌 때 라카인 아님 만달레이
양곤 네피도 어디쯤 젊은 피를 뿌리며 꽃은 피어나고
투쟁하러 나간 자식에게 혈액형과 신체 특이사항을
팔뚝에 꾹꾹 눌러 써 준 어미의 마음이나 이주노동자로
이 땅에서 치열하게 살며 자신과 가족과 민족을 위해
벅구를 두드리는 저 젊은 걸궁패의 손과 발의 외침이
빈독골을 울리며 하늘로 솟아 세상으로 나아가고 있다

젊음이 이주노동자로 채워진 마을 행사가 비나리가 되고
살풀이가 되어 구석진 판넬집 차가운 바닥에도 곰팡이 핀
냉골에서 체온으로 견뎌야 하는 숙소에도 살을 에는 칼바람

몰아치는 바다 뱃머리에 선 노동현장에도 하늘 아래 인간 악귀는
득실거리고 G7 국가 언놈이 평화·자유 민주주의를 말하는가?
탐욕과 야욕의 이빨로 으르렁거리며 피를 빠는 흡혈귀인것을
굿판은 휘모리장단에 맞춰 피날레로 접어들고 상쇠가 매구야를
외치니 징 든 낯선 젊은이가 세차게 징~징 악귀를 쫓고 있다.
—「매구야」 전문

이제는 더 빼앗길 것도 없는 농촌과 어촌에서 노년을 보내며 '독거노인의 한숨'(「햇살」)과 '팔다리 온 삭신이 쑤시는'(「기우제-안개」) '지나온 날들의 시린 아련함'(「닦이지 않는 눈물」)을 아랑곳 하지 않는 국가-자본-도시-정치인-지자체 장들과 관료들-중간 장사치-이리떼들의 위협과 착취에 빼앗긴 돈은 얼마며 정신과 혼, 감정과 정서, 에너지와 건강, 그리고 시간은 대체 환산 가능하기나 한가? "죽음의 문턱 오가며 지켜온/ 생활의 회한들이 굳어/ 뭉텅그린 옹어리에 박히고"(「팔영산 편백숲」), '외국 일꾼' "저 젊은이 좀 봐 낯선 나라 와서 돈벌이하며/ 밤마다 부아를 참지 못해 갯가에 나가/ 뭔 소린지 울다 웃다 어둠을 깨워 난도질 쳐/ 열불을 끄는 포효만 허그능가?"(「부아」)처럼, "노인 상쇠와 젊은 이주노동자들이 매구로 하나 되어/ 벅구 춤을 추면 걸판지게 울려대는 쵤래소리가/ 언뜻 또드락 굿이 되지만 가락이 맞든 말든 함께 만든/ 굿판은 서로의 마음을 엮어놓고 조상을 부르고 있다".

어쩬 일인지 어두운 얼굴로 살풀이하듯
부해나 죽것네 일손도 없어 외국 일꾼 쓰며
죽어라 뜯어 줬드만 몸에 해로운 염화
뭐라고 하든디 그걸 뿌려 때깔냈다고 뉴스서
난리더만 우째거나 그 뭣인가 먹는 것 같고
그 짓하면 천벌 받제 또 거그다 중국 믹하고
합해 우리 것으로 만든 염병 헐 언넘들 땜시
속에서 천불이 나네 우리가 뭔 죈 지 참말로

물 좋은 곳에서 쎄빠지게 믹 농사지어 내면
다른 군에서 난 믹 보다 싸게 사다 놓고
여그 것이다 떠억허니 패 딱지 붙이면
우린 어쩌라고 어디 이뿐인가
우리 일꾼 나라는 팔십 년 오월 광주처럼
군바리들이 옳은 소리 하는 사람 잡아 가두고
총질허고 어찌 이런지 몰것어 작년부터 괴질에
시상이 꽁꽁 언 한겨울이고
이번엔 믹이 잘 질어 돈 좀 되것다 싶었는디
급살 맞을 놈들 용왕님이 벼락 칠 것이여

—「부아」 부분

이웃사촌이란 말이 진실이듯 타지에 나간 아들 딸 일가붙이 보다 같은 공간에서 부대끼며 살아가는 미얀마, 스리랑카, 베트남, 태국, 방글라데시, 우즈베키스탄, 키르기스스탄, 네팔, 몽골, 인도네시아, 파키스탄, 캄보디아, 라오스, 중국 등에서 온 이주노동자들이 더 친숙하고 밀접하다. 실질적으로 이들이 문화적 차이를 인정하고 존중해주면 정서적으로나 공간

적 · 사안별(事案別) · 지역적 이슈나 현안(懸案)과 유형무형의 차별과 혐오에 대한 감각-사고의 공통성은 훨씬 더 클 것이다. 그리고 무엇보다도 생명의 소중함과 생명에 대한 외경심을 가지고 있다는 점일 것이다.

서로의 문화에 대한 인정과 존중의 열린 마음을 가지고 기후위기와 팬데믹, 생명권의 심각한 위협이 팽배해질 대로 팽배해지는 이 시대에 자연의 이치에 겸손하고 생명과 환경을 귀히 여기며 국제적 연대에 입각한 지역 사랑에 여생을 바친다는 것은 아무나 할 수 있는 일이 아니다. 도시로부터의 소외와 찰나의 관심과 시혜에 부화뇌동하지 않고 자기를 지키며 돌아봄을 잊지 않는 한편, 이웃의 안위와 생활을 살피고 배려하는 남선현 시인의 반듯한 마음은 '주인의 길'을 만드는 물꼬를 트는 법을 조근조근 알려준다. 반농반어민의 고흥 지역에서 더불어 같이 살고 행복하게 살아가는, 살기 좋은 고장을 만들기 위해 애쓰며 진정한 지역민으로서의 삶이란 무엇인가를 시를 통하여 모색하고 있는 것이다.

한줄기 소나기 그친 땡볕 농로에서
꼬인 새끼줄 풀 듯 물길 잡다 말고
성님이 불러 세우며
어이 자네는 알고 있는가?
저놈의 길은 누가 쥔인가 잉
무서워 댕길 수가 있어야제
엊그제 장마통에 쩌쪽 등상네

집사람이 교통사고로 저세상 가부렀당께

진작부터 인도 만들어야 헌다고 야기 혀도
들어준 넘 하나 없당께
차만 씽씽 댕기면 뭐헌당가 잊을만 하면
사람이 죽어나가는 디
지방돈지 군돈지 몰러도 동네 사람 다닐 길은
만들어 나야제 맘 놓코 다니제 염병 헐 시상

선거 때 되면 헛공약 허지 말등가
언놈은 고향입네 허며 표만 주면
잘허것다고 혀놓고 뭘 잘혀
철새처럼 왔다가 고향 팔아 당선되면
이놈저넘 주워먹고 뱃대지 긁다가
내가 언제 그랬냔 듯
욕심껏 챙겨 도회지로 떠난시롱
어째쓰면 좋을까잉 저너므 길을

민심을 푹 떠 위정자 입 속에 쳐 넣듯
무논 곤죽 한 삽 떠 젖히며 물꼬를 튼다
안 그런가 동상
겉만 뻰지르 허다고 잘산 것 아닌디
공존하며 같이 살아야제
요번엔 언놈이 이빨에 침 바를랑가 몰것네.

—「물꼬」 전문

신생시선 · 61
빈독골 가는 길

지은이 · 남선현
펴낸이 · 원양희
펴낸곳 · 도서출판 신생

등록 · 제2003-000011호
주소 · 48932 부산광역시 중구 대청로 135번길 5(401호)
w441@chol.com www.sinsaeng.org
전화 · 051-466-2006
팩스 · 051-441-4445

제1판 제1쇄 · 2022년 12월 16일

공급처 · 도서출판 전망

값 10,000원

ISBN 978-89-90944-78-8

*이 책은 전라남도, (재)전라남도문화재단의 후원을 받아 출간 되었습니다.